Sara Luna

Sara Luna

Tom Maver

*Tradução de
Fernando Miranda*

Vencedor do Prêmio de Poesia do Fondo Nacional de las Artes 2018

© Editora Moinhos, 2020.
© Tom Maver, 2020.

Obra editada no âmbito do Programa "Sur" de Apoio às Traduções do Ministério das Relações Exteriores e Culto da República Argentina.

Edição Camila Araujo & Nathan Matos
Assistente Editorial Sérgio Ricardo
Revisão, Diagramação e Projeto Gráfico Editora Moinhos
Capa Sérgio Ricardo
Tradução Fernando Miranda

Dados Internacionais de Catalogação na Publicação (CIP) de acordo com ISBD
Elaborado por Vagner Rodolfo da Silva — CRB-8/9410
M461s
Maver, Tom
  Sara Luna / Tom Maver ; traduzido por Fernando Miranda.
Belo Horizonte, MG : Moinhos, 2020.
72 p. ; 14cm x 21cm.
Tradução de: Sara Luna
ISBN: 978-65-5681-009-6
1. Literatura argentina. 2. Poesia. I. Miranda, Fernando. II. Título.
2020-896
CDD 868.9932
CDU 821.134.2(82)

Índice para catálogo sistemático:
1. Literatura argentina : Poesia 868.9932
2. Literatura argentina : Poesia 821.134.2(82)

Todos os direitos desta edição reservados à Editora Moinhos
www.editoramoinhos.com.br
contato@editoramoinhos.com.br
Facebook.com/EditoraMoinhos
Twitter.com/EditoraMoinhos
Instagram.com/EditoraMoinhos

A homenagem, aceite-a, não esteja tão pobre!
Arnaldo Calveyra

Amasadoras, Santiago del Estero c.1930.
Archivo General de La Nación

Primeira Parte

Cruzes de madeira[1]

Há cruzes de madeira
no caminho para Tiu Chacra.
Me ajude, vozinha, a seguir
entre as orações que elevam
os mortos do cemitério
à margem da estrada.

Se alguém soltasse sua memória
num campo aberto,
ela ficaria paralisada,
os olhos fixos na escuridão.
Me arranque o medo, vozinha, me conte
as lendas do vento,
as transformações dos homens
em mulheres, em animais,
do espírito duplo de cada um,
do anjo da guarda que fortalece
abandonando, da cinza
que passava sobre a ferida do porco
castrado há pouco
e da noite que passava cuidando dele.
Venho do povoado onde nasceu
por caminhos secundários,

---

[1] Ao descer do ônibus que me levou de Santiago del Estero até Villa Robles, uns 20km de distância, me deu um nó no estômago. Não sabia onde havia chegado, muito menos que estava na estrada estadual número 1, onde havia um cemitério, um mercadinho, um bar, uma escola, uma igreja. Era quase meio-dia de um dia de julho de 2015, não havia ninguém na rua. Pensei em atravessar a estrada e esperar o ônibus de volta para a cidade. Mas estava tão perto do lugar onde Sara Luna tinha nascido que sentia que tudo o que me unia a ela me empurrava a esse caminho de terra, de apenas dois quilômetros, que ia até Tiu Chacra.

aproximo meu ouvido à sua língua mestiça,
às suas histórias
nas horas de trabalho,
à resistência da gente do campo
que fez dos seus dias
um treinamento do corpo
para o crescimento da colheita.
Fale comigo, a senhora que tão pouco
falou na vida.

Nas suas mãos se encontrava o aroma de hoje[2]

De costas para mim, colocava as mãos no rosto.
Tinha sujado a dispensa, a pia
e parte do chão, como se estivesse
trocando de pele, se preparando
para uma delicada transformação.
Quase não conseguia ver
e quando cozinhava, como se provasse,
untava suas pálpebras com ovo batido.
Estava unida às coisas desse mundo
através do mistério de cada uma delas.
Isso aliviava a dor de envelhecer.
Do forno tirou uma máscara
feita de massa folhada.
A colocou e se virou para mim.
Um pulso vibra nas minhas mãos
enquanto preparo, me disse.
Cortando um tomate, acrescentou:
Cada coisa, por menor que seja,
por mais frágil que esteja, tem sua força.
Depois me acariciou, como fazem os cegos: para ver,
e senti que eu poderia adormecer
com o cheiro dos restos de tomilho e alho,
pressentindo que estes instantes vinham de antes,

---

2 A escrita tem semelhanças com a arte de cozinhar. Sara Luna cozinhava e lembrava da sua terra natal, sentia seu cheiro, saboreava e ingeria pelos seus pratos. E eu, um ano antes de viajar para Santiago, escrevia e apareciam anedotas, lembranças, delícias de Sara Luna, sem que me propusesse a pensar nisso, algo que vinha de muito tempo atrás, ou de antes. Ela, que tinha morrido quando eu era um adolescente, me trazia a essa temporalidade, minha infância, mas eu queria me aproximar à dela. Por isso, numas férias de julho, peguei o ônibus até aquele lugar remoto. Queria me aproximar ao mais longínquo que tinha: ao nascimento dela.

de quando eu não tinha nascido
e ela estava na sua cozinha no campo
com uma tigela em frente à janela,
batendo, preparando minha vida.

Um fio para que Sara Luna corte[3]

O que aconteceria,
se tu, vovó,
sim,
tu mesma,
não soubesse conjurar
o mau-olhado
que te lançaram,
o verme que entrou
no teu estômago?
O que aconteceria se
se cortasse o fio
que te une ao passado
e ficasses presa
em povos fantasmas?
E se as velhas receitas
se tivessem perdido
e não restasse ninguém
que soubesse
acender as fogueiras?
Passaria o que sempre
passa. Te recuperarias.
Voltarias à faísca
que não acende
nem com conhecimento
nem com experiência

---

3 Não cheguei sozinho a Tiu Chacra, uma família se ofereceu para me levar. Eram a mulher que trabalhava na salinha de primeiros socorros e seu filho. Disseram que iam me levar para conhecer a casa do mais velho dos Luna. Um antepassado vivo, foi o que pensei. A parada para a sesta em Villa Robles aumentou ainda mais minha ansiedade em atravessar o pórtico de Tiu Chacra e seguir as marcas na terra até aquela casa em uma curva do rio Dulce.

mas com a adrenalina
de estar no campo,
e só terias
os olhos dos animais
fixos no tremor
das tuas mãos
esfregando pedra
contra pedra.

O LEVANTAMENTO PARA DENTRO[4]
Testemunho da caçula dos Fernández Madero

Veio para Buenos Aires,
conseguiu trabalho como
mucama. Mandou dinheiro para casa,
passeou pelo centro, tanta coisa.
Logo se apertou o fio que a unia
ao lugar que havia deixado,
à pessoa que tinha sido.
Do meu quarto escutei
lá no desvão, essa voz baixa
das colinas, os gritos.
A escutei reclamando:
Não estou aqui para lavar banheiro
e cozinhar para advogados.
E soltou um grito estridente
como a baguala que logo cantarolou
enquanto me secava as lágrimas
e se despedia das crianças.
Disse que queria saber por onde
sua família tinha se espalhado,
onde podia se ouvir o canto que fala
da antiguidade em que nasceram.

---

[4] Com 18 anos, Sara Luna viajou sozinha para Buenos Aires, partindo do seu povoado natal. Procurou trabalho de mucama. Conseguiu um na casa dos Fernández Madero. Ali conquistou a confiança e o carinho deles. Na casa de advogados, foi muito amada e lembrada, assim como eu também a tenho.

A leitura do fogo[5]

Temos olhos e estamos às cegas.
Diante do fogão a luz hipnotiza
e se arde alguma coisa atrás de nós
mal sabemos.
Conseguimos controlar um pouco o fogo
mas não a visão. E assim vamos,
soprando as brasas, contando
nossas vidas. Os cães tomaram
o brilho nos olhos dela
e o silêncio no chiqueiro
assusta as galinhas.
Estaremos presos dentro
das histórias que contamos?
Quando foi que se perdeu a capacidade
de ler no fogo o destino que nos chega?
Com troncos acendemos a chama da narração
e algo resta na grelha dos dias.
O carvão, a seca, nada disso envelhece?
E essa sede, cinzas minhas?

---

5 Aurora, vizinha de Sara Luna na rua Venezuela, no bairro de Balvanera, falava como nesse poema. Certa tarde me deixaram com ela. Cozinhava e contava histórias para minha vó, que a olhava fascinada. Pouco depois, atravessamos o corredor dessa casa simples e assim que fechamos a porta, perguntei a ela de onde vinha Aurora. Não me lembro qual foi a resposta.

O QUE PULSA REMETE A SEU PRÓPRIO COMEÇO[6]
Testemunho de uma vizinha de Tiu Chacra

Lembro o rosto dos lenhadores.
Atravessavam o rancho
voltando dos quebrachos,
encurvados, sem rumo.
Mexiam a cabeça para pedir sopa
e só depois da terceira jarra de vinho
conseguiam contar sobre aquelas noites lá,
do cheiro da madeira coberta por orvalho.
A colina não tinha terminado
de tragar suas histórias.
A sombra do chañar e do algarrobo
não escondia completamente as marcas
que o trabalho havia deixado em seus rostos.

Demetrio, o mais robusto deles,
contou certa vez que nas tardes claras
acreditavam ouvir esse instrumento de lata
parecido com um violino.
Já ouviu seu lamento agudo?
E dizia que voltavam mal
dos montes queimados,
seus pressentimentos os cortavam por dentro.
Tinha que vê-los indo dormir
sobre suas mantas,

---

6 Antigamente, Santiago del Estero se chamava Chaqo Walanpa, que em quíchua significa terra verde e boscosa. O passado de estero, vegetação abundante e de quebrachos (nome que deriva de sua ação: árvore que quebrava o machado dos lenhadores), hoje é relato de exploração de terra, chegada de capital inglês e construtoras de trem. A Santiago del Estero da pobreza, terra arrasada e poeira, é história moderna. Cada um é filho de sua própria depredação.

seres caídos em um terreno arrasado
onde a poeirada irrompia pela manhã.
O som dos seus pulsos, das árvores,
caindo sobre as corujas
se ouvia no roncar deles.

Luna Grande[7]
Testemunho de uma vizinha do povoado

Acredito que carregamos coisas
que não se entendem
e estão espalhadas por aí,
à espera de algo
ou alguém que as anime.

Luna Grande era um tio distante
corroído pela bebida.
Carrancudo, andava pelos montes,
maltratava animais.

Antes que o expulsassem
e ele fosse arrastar sua miséria
lá pelo Litoral,
tinha causado bastante dano,
do jeito que perambulava pelas noites.

Às vezes gostaria de agarrar a memória
e esmagá-la. Esquecer
tudo que deu vida a essa tristeza
que não se apaga.

---

[7] "Se existe alguma coisa paciente em mim, é a melancolia", disse outra das mulheres que visitei.

Contas pendentes[8]

De vez em quando penso que ela gostaria
de ter uma conta no Facebook.
Entrar e ver fotos da família em Santiago,
esses churrascos em que no fim
estão todos dançando chamané de madrugada,
ver as postagens das sobrinhas
de saída para a noitada
e deixar uma mensagem para que se cuidem.
E acho que ela gostaria de
que a conta permanecesse aberta após sua morte,
e que de vez em quando cada um de nós
lhe escrevêssemos no mural o tanto da nossa saudade.
Que pudéssemos reunir essa dispersão que somos
e fazer de conta que ainda podemos falar com ela.
Sim, que após sua morte esse muro
ficasse lá, sempre disponível,
como a parede de uma casa abandonada
pela que passamos na volta do trabalho
e deixamos algum rabisco nela.
Minha vó sabia que às vezes
para poder falar com nossos mortos
é bom ir ter uma conversa com a ilusão,
como ela, que com a luz apagada

---

[8] Tiu Chacra não aparece no mapa do Google. A internet não diz quase nada da terra natal de Sara Luna. Só havia duas notícias que mencionavam o lugarejo em Santiago del Estero. Além da canção de Horacio Banegas, continuam apenas essas duas notícias lá. A manchete de uma delas é "Uma família de Tiu Chacra concretizou o sonho da casa própria", de março de 2015. Por sua vez, há um vídeo no Youtube que se chama "tiu chacra 2012", em que se pode ver algo desse lugar de poucos recursos, à margem do rio Dulce. Mas ter ficado sabendo que metade da minha família vem daí, atualizou minha vida, a pôs em outro lugar que não aparece no mapa e que o tempo não toca.

conversava com seus santinhos. Acendia
velas, diminuía o som do rádio e juntava as mãos,
nada tão diferente de abrir um laptop
em que apoiamos nossos dedos
para falar em silêncio com aqueles que não estão perto
e depois fechar o aparelho, cansados, e esperar
que do outro lado, alguém mais velho
lentamente, apague as velas.

Uma manta para Sara Luna[9]

ou o que seja para os piores momentos,
quando sonho com ela a cavalo,
em currais ou galinheiros,
sem roupas, vó, erótica mãe da minha mãe;
saindo do lamaçal
que é minha vontade de saber sobre você.
Sara Luna, pode existir tantas noites
em teu nome?
Vou repetir isso até que seja sua
a escuridão de potranca cega
que se para ante teu estábulo em chamas,
absorta em teu noturno,
querendo ouvir uma batida que a acolhesse.
Tu, senhora, vinda do agreste
e da gordura animal, o que ouve?
me diga, que dia é esse
em que deve ir deixando a pele, as mãos
nas mãos de que animal de montaria,
de que tambor esquecido por aí?
Ri, se apaga de frio, Lunita?
Não te importa, ou já está seguindo
por outros pastos, em tecidos cultivados
pelo sol de Santiago?

---

9 Em Tiu Chacra, pude conhecer o mais velho dos Luna, Raúl Luna. Velho como um provérbio, comecei a lhe contar quem era. Mencionei Sara Luna (nome-chave da minha história), imediatamente ele disse: Sarita, sim. Repeti para ele a história, porque parecia que não fazia mais que pronunciar um nome recuperado do baú de coisas perdidas. E, então, disse ele, Sim, Sarita, que tinha uma filha: Inés. Olhou para mim, cravou seus olhos em mim e disse: você é Tom. Tom! E eu que achava que estavam todos mortos. O efeito desse encontro dura até hoje. Todos os pedidos e súplicas nesse livro também são para ele.

E agora quem verá
o que surge, o que vai?
Segura essa manta.
Adeus, então, Sarita Luna,
vá e se agasalhe, filhinha,
com este fantasma de lençol!

A história da pele[10]

Espio minha mãe
despindo sua mãe.
Tira a camisa, os sapatos,
a saia marrom.
Sua pele é opaca, a luz
que a cobre, acolhe.
Assim como está,
a encheria de flores, coberta
com um agasalho de rugas.
Ela desperta alguma coisa em mamãe
e vice-versa.
Penso nos sapo-boi
que Loren e eu tirávamos
com água e paus dos poços,
me lembro deles nas nossas mãos
inflando e desinflando.
Ela tem a pele anfíbia,
em meio a dois mundos.
É este o lento ritual
de trocar de roupa,
de deixar algo para trás
antes de entrar em outra terra.
Sua filha acomoda minha vó-sapo
e com a palma empurra, que vá
dando saltinhos, à procura
sem querer encontrar
aquele poço.

---

10 Espiar é a primeira ação do neto. Com certa idade ninguém observa os outros, senão pelo olho mágico.

NA VOZ SE OUVEM COISAS[11]

Minha vó foi embora da terrinha
e muitos anos depois, quando
fraturou o quadril e dormia
no meu quarto,
eu escutava seus roncos
o arquejo antecipando à cidade,
como se estivesse partindo
de volta para seu povoado
e sua voz se esvaziasse.

No dia seguinte me contava
que no sonho tinha visto
que alguém queimava seus santos
e que não sabia se sua vida era a culpada
ou a pobreza ou o ter abandonado
e depois ter posto fogo nas crenças.

Durante anos minha vó ninou
as bestas mais terríveis do monte.
E eu, o animal
dela, arrasto para lá e para cá
essa voz, farejando sua lembrança,
seu rosto tão limpo como louça,
a maneira como andava até a cama

---

11 Lembro quando Sara Luna estava morando na nossa casa enquanto se recuperava de uma fratura no quadril. Durante esses meses, antes de eu ir para a escola, não importa se estava com muito sono ou não, parava na frente dela para vê-la dormir com a boca entreaberta, um braço apoiado no outro, que caía um pouco da cama, a palma da mão aberta, como se tivesse acabado de soltar alguma coisa. Outra delícia era de madrugada, quando se levantava para ir ao banheiro e, na escuridão, tocava minha cama: para se orientar, me acariciava.

e deitava e o mundo da semeadura
assaltava outra vez a anciã
que dormia ao meu lado.

Minha mãe sonha onde minha vó está enterrada[12]

No sonho, o elevador
desce por quilômetros a terra.
Minha mãe aperta fundo o botão
para que vá ainda mais rápido.
Sabe que embaixo da caldeira,
dos trastes, do formigueiro,
está sua mãe.

Diz que a escuta
cada vez mais.
Diz que os mortos
não sabem onde os enterramos.

Vai tirá-la daí,
onde nossas lágrimas,
as velas, os joelhos
em oração, a esmagam.

Vai limpar o barro do rosto dela
e desenterrá-la
para levá-la a Santiago.
Leva flores, qualquer coisa
que morra mais rápido que seus pesadelos.

---

12 Pouco depois da morte de Sara Luna, sua filha começou a sonhar com ela. Depois, ao contar os sonhos, as pessoas não sabiam como entendê-los. Os sonhos eram como instrumentos que estavam sendo afinados: ainda soavam mal e não estavam prontos para ser ouvidos.

Uma vidala para seu leito[13]

de vales e desfiladeiros,
mulher miúda que se perde
ao longe
como água ganhando força
ou se esparramando goela abaixo,
onde dói, onde peito
e canção apertam, se unem
à paisagem,
vinho derramado, barro,
onde Sara salitre molha
seus pés machucados
e canta para a seca.

---

13 Para ouvir melhor é preciso se aproximar. Mas a voz de Sara Luna, as lembranças que tenho dela, às vezes se calam quando me aproximo demais, como a voz do grilo. Então simplesmente as deixo ir.

A CANÇÃO QUE NOS RECEBE É DE TERRA[14]

A primeira vez que falei em público,
a primeira vez que escrevi para outras pessoas
foi no funeral da minha vó.
Cercado pela minha família e de idosos
que nem bem conhecia, amigos dela
que mal acompanhavam o andar do féretro
essa bela manhã no cemitério de Chacarita,
chegamos na pequena capela, e após uma missa,
parei diante do caixão e dos seres queridos.
Para quem iria falar? Para ela, que era
a última das minhas avós a morrer, para todos
os ancestrais mortos, para os vivos
que estavam ali de pé sem saber direito o que fazer?
Lembrei então seus anos finais
quando vinha comer lá em casa
e eu não parava de perturbá-la. Levava uma taça
até a boca e batia com ela; com dificuldade trazia
a colher com a sopa e mexia a mão.
Ela ria, se sujava toda e me dizia:
Vai ver só, vou conseguir, espera só para ver.
Por isso, naquela manhã no cemitério,
foi bom com a Lá, como eu a chamava.
E meu coração de garoto de dezessete anos
se encheu de bagualas e zambas, e cantei uma canção,
uma vidala da sua terra, essa música
que conheço sem a mediação da memória.

---

14 Por que estava escrevendo sobre gente de idade, sobre velhos? Todos meus avós já estavam mortos. Era porque, como disse antes, estava morando na casa que tinha sido deles? Ou seria porque meu pai, com quem tínhamos mais de 50 anos de diferença, estava ficando velho? Estava preparando o texto para quando ele não estivesse mais?

Ela respondeu com um leve giro na tumba,
como se tivesse se colocado do lado da infância
para ouvir melhor a terra que já lhe atirávamos.

Anciana pisando maíz, Santiago del Estero, 1935.
Archivo General de La Nación

Segunda parte

O Sagrado Coração[15]

Na sala de teto descascado
do Hospital Israelita,
minha vó ia morrendo.
Quando começaram a aparecer os sintomas,
passava a maior parte do tempo dormindo
junto do imenso quadro
do Sagrado Coração de Jesus,
cercada de santinhos.

Em meio à sordidez do hospital
e a esse câncer que a prostrava,
queria amparo,
ver esse coração emanando uma luz
que suas veias aceitassem
junto com as correntes de morfina,
e não apenas seu corpo cansado.

Olhando para ela, lembrei quando ia na sua casa,
e com o rádio ligado que passava
tangos e folclores das nove às três,
me contava histórias de santos populares.
E de repente, aí deitada, quase nunca acordada,
parecia encarnar a Defunta Correa
se secando no deserto de San Juan,
sendo capaz de dar amor
até mesmo depois de morta,
alimentando até a inconsciência

---

15 As notas de rodapé são como a mão que se fecha sobre o que não se pode agarrar e apanha a forma de uma fuga; são o sapato que no último instante colocamos na porta para que o vento não a feche. Entrem, correntes de ar.

esse tumor que bebia
do Sagrado Coração da minha vó,
até que dormissem os dois,
um no braço do outro.

TRAGO DE SOMBRA[16]

Não me abandone, vozinha.
tente tocar suas vísceras
com esse Algarvez branco.
Se sua própria matéria te afoga,
se afunde até a cintura
nesse barro centenário e trague
até que as visões venham
do estômago, para que depois
o espírito as veja.
Imagine ressurreições, curas
E se feche como uma tranca.
Derrame em si mesmo
um pouco de vinho ocre e aguarde.
Haverá fumaça como se ardesse.
Terá sono como se ardesse.
E se transformará em bebedouro
de bestas da montanha, em poça
onde o yaguaretê e o tatu
deixarão de ser bichos sedentos.
Permita-se ser tomada por essa força
que te arrebatará. Porém,
não durma, e poderá escolher
se entrar na boca do lobo
ou na garganta do diabo.

---

16 Jaime Dávalos (1921-1981), poeta e músico de Salta, compôs "Trago de sombra", que eu sempre escutei através de Los Fronterizos, e que começa assim: "Peça ao vento firmeza/ e ao rio, que não volte atrás./ Não me peças que fique/ se toda minha vida contigo se vai". Para mim, é mais memorável lembrar Sara Luna dizendo, com seu Algarvez branco (que era um vinho de caixa): "Da mão ao cotovelo, bebo inteiro".

UM OVO DE AVESTRUZ ONDE SARA LUNA[17]

leia o porvir, a pena, a mestiçagem
debaixo do solão.
Choverá nessa estação,
poderá o povoado esperar o huaira muyu,
redemoinho de boa sorte?
A batida desse coração ainda sem forma
a guiará.
E cada resposta nascerá fragilmente
como potro recém-saído do ventre.
O que será dos futuros nascimentos,
teremos colheita cansada?
As perguntas do povo
e a inquietação das avestruzes
se cruzam nesse ovo lançado,
junto daquele que se acocora e apoia seu ouvido.
No horizonte se ergue uma fumaça
que seca os olhos.
Os ancestrais estão queimando o passado.

---

17 Foi Raúl Luna quem compartilhou comigo muitas das histórias que são contadas nesse livro. Estávamos na minha casa, quando ele disse: "Acontecem coisas estranhas no campo". E soltou a história da umita (cabeça pequena, em quíchua), que se alguém cruza com ela de noite no campo, por mais tenebrosa que pareça, ela vai nos ajudar a encontrar o caminho.

Corpo a corpo[18]

É conversar com a moribunda,
seja como for, continuar falando.
Nem se agarrar nem se soltar.
É permanecer perto, a um palmo
do sopro de vida que se acaba.
Minha vó falava com o cordeiro
cujo couro ela depois arrancaria
e costuraria nos pedaços de madeira
do poejo que reservaram
para fazer sua caixa.
Com um fio unia as duas tampas
e por fim colocava uma cordinha
feita de rabo de cavalo, coisa
de que vibrasse com os golpes.
Antes era feito com guizo
de víbora, ou com pena de corvo.
E minha vó sempre
pedia licença. Pegava o animal
e o acariciava por um bom tempo
sussurrando em seu ouvido.
Teria de convencer esse espírito
a entrar em outro ciclo,
o do instrumento e da canção.
Mas no hospital,
quando já não esperávamos
que reagisse, minha avó abriu os olhos,
me viu e disse que oraria por mim

---

18 Na história da minha intimidade, um longo capítulo será o de Sara Luna e eu, seu neto. Capítulo que se fecha com uma cena quase secreta, a da agonizante consolando um familiar. Ela, morrendo, me dizia que rezaria por mim.

e que eu me comportasse bem.
A moribunda rezaria por mim.
Mesmo à beira
me trazia bendições.

A GRAÇA DO GOLPE[19]

As pessoas da cidade
não entendem a relação
entre os animais
e nós que os domesticamos
com alimento e cuidado.

Não sabem nada da percepção
que as galinhas têm, ciscando milho no pátio,
o que os porcos cheiram roçando os postes do curral,
quando minha avó atravessa a cerca.
Mexem os focinhos úmidos
e recuam dois passos.
Lá vai ela sussurrar no ouvido deles.
Nunca poderá lhes explicar tudo.

---

19 Quando eu era criança, havia expressões que eu não entendia. Me lembro de uma, "dar um golpe seco". Na minha cabeça, o adjetivo trazia uma mágica para esse substantivo. Era uma ação impossível. Já adulto, minha mãe usava essa expressão, quando me contava como Sara Luna matava as galinhas. Se referia assim ao ato de separar a cabeça do corpo.

Posso ver com o que minha mãe sonha[20]

Você está machucando a mão dela.
As queixas dela não te acordam?
Como é que você sonha que vovó
dorme no chão, debaixo da cama?
Não se dá conta que ela está morta.
Solta ela. Nem assim a deixa em paz?
Poderia agarrá-la,
levar com você tua mãe?
Que não durma no chão
toda encolhida sem colchas.
Acha que é a mãe
do que sente por ela,
mãe da tua respiração,
uma música que te move,
que te faça dormir?
Não se entra viva
no mundo dos mortos.

---

20 A cidade de Santiago del Estero foi declarada como "Mãe de cidades", posto que foi a origem e centro da conquista armada e religiosa da Colônia Espanhola no atual noroeste argentino. No século XVI, foi a primeira capital do Governo de Tucumán (criado em 1566), que cobria um território de 700.000k² que incluía as atuais províncias de Catamarca, Salta, Jujuy, Tucumán, La Rioja e Córdoba. Desde aí foram fundadas quase todas as cidades do Governo. Durante um bom tempo após sua morte, a influência de Sara Luna nas emoções e religiosidade da minha mãe foi absoluta.

Terra nas camas[21]

Escurece e lá fora as camas se secam.
De dia o verão ferve os quartos
e de noite dormem famílias inteiras
na intempérie dos pátios.
Mas demora até que esse ponto de ebulição
de cada um esfrie. E a lua, que não por velha
deixou de iluminar as marés que atrai
e as criaturas que altera, baixa
para nos cheirar, bem perto. Inala e exala
e pronuncia, assim ela acredita, o nome
de sunegro. O suficiente para que
o alazão se enrosque nos lençóis,
ainda que ausente, ainda que sejam seus dedos
os dedos com os que desfaz os nós
da viuvez e se enfie mais e
mais, se refestelando na cama
que gira e onde sunegro lambe
com a língua em sua prensa de odores
soltos na noite flamejante,
atados no ventre de Sara Luna,
que é o curanto cozido em segredo
e que agora o fugitivo fagocita
no frio da madrugada.

---

21 Em momento algum mencionei meu avô, sunegro, o vô Pablo. Se conheceram em Tiu Chacra. De sobrenome Jaimez. Não cheguei a conhecê-lo, morreu de uma parada cardíaca quando eu tinha 24 dias de vida, em 26 de dezembro de 1985. Quase uma substituição: saía ele, entrava eu. Minha vó foi o primeiro amor da minha vida.

Quando o calor voltar
se sentirá menos a poeirada,
sua pele terá se esticado menos
para ser a habitação mais escura
dessa província.

O barranco[22]

Partida pela metade
caminhou pelos vales.
O amor foi o guia
que a deixou descalça.
Me separei, disse para a montanha.
E dela ouviu: vem descendo
um riacho de consolo
até o desnível.
Bebeu a água,
desfez as tranças,
molhou seu cabelo e os peitos
e foi esquecendo aquele mineiro
desaparecido nos poços de San Juan.
Disseram lá do alto das montanhas:
Afogue seu amor na água
e espere. O riacho que se seca
deixa um suave sulco.
E ela disse:
Essa história é um carvão
que ninguém encontrará
escavando de noite.

---

22 A criança entende a solidão dos velhos que conhece. Porque também ele quer se isolar para brincar. Ou porque brincar é se isolar, gozar sozinho, se conhecer. A fantasia infantil, esse modo de fazer companhia a si mesmo, de todas as maneiras, é diferente de sentir falta, que é o que os velhos fazem. Sentindo falta se tornam saudosos, ensimesmados, mentais.

Cadeia de orações[23]

Derrama nela
seus remorsos
e fica arredio.
Instiga suas emoções
e observa de longe.
A culpa é algo denso
e o que pesa para o homem casado
para a viúva que retoma a rotina
entusiasma. Forma uma cerca
com o perfume de seu sexo
em torno do pobre Jaime,
o seduz e monta nele.
Atados, se encolhem
dentro dessa respiração.
Mas que somente em sua espécie
cavalgam cavalo e cavaleiro.
É só ouvir Jaime
falando com sua mulher
aos gemidos, se desculpando,
insultando, sendo pouca coisa.
Ela, um balde de plástico
que se afunda na memória
e volta com a boca cheia
do nome de sunegro.
Oram com o corpo inteiro escravizado.
A isso chegaram.
Se despedem em silêncio.

---

[23] As covas foram pintadas para combater a fome, para chegar ao animal. Há matrimônios que são covas que os casados encheriam de pinturas, de fome e de antecipação. Desejar é ter uma pata nesse mundo, e a outra, no outro.

Com sua cadeia de orações
se agarrarão na semana seguinte
e na outra.

Um porco para que Sara Luna[24]

converse e lhe arranque o canto
que está guardado como arroró
que nem mesmo o monte ouviu.
Veja ela se ajoelhar no barro
que a sesta seca, e começar a rezar
junto das bestas meio dormidas,
que a cheiram e se afastam. Já conhecem
aquela anciã que entra no chiqueiro
e fala docemente com eles
sobre a salvação e o confinamento.
O monte não é o único que ouve
as histórias. Os porcos continuam
comendo até nos sonhos,
qualquer coisa que lhes deem,
seja arame, lajota ou tijolo,
só as mãos unidas em oração
não comem. A desobediência
em que estão imersos,
sua escuridão, atende a prece
da minha vó, que quando se emociona
canta sobre cordeiro e reencarnação.

---

24 Quando perguntei para Emilse se ela sabia alguma coisa em quíchua, me disse que apenas algumas palavras soltas. E me contou que tinha escutado principalmente coisas para chamar a atenção das crianças. Por exemplo, quando estavam no campo e trepavam nas árvores para ver como capavam os porcos, lá do outro lado da cerca, e os pais gritavam com elas, para que não ficassem olhando. Também me disse que seus avós, tios de Sara Luna, quando queriam dizer em voz alta algo que os outros não entendessem, faziam em seu idioma.

QHAWAQ[25]
Testemunho de uma tia esquecida

Quem ouve detrás das paredes
na sua hora saberá que seu ouvido
pode se transformar em uma tumba.
Na minha família o segredo foi e veio
em quíchua. As tias mais velhas
entraram em casa e viram Livorna
engatinhando na cozinha.
Se são mulheres, se são mais velhas
e se estão falando baixinho
um idioma sem escrita, esteja precavido.
Qhay, wañuj wawita kaskari, escutei,
a imagem surgiu em minha mente, e soube.
Olha, disseram, está fazendo pirraça para morrer.
Minha irmãzinha perdeu a saúde logo, mamãe
não pôde sair do quarto para enterrá-la.
De tempos em tempos nascem duas meninas.
Uma é a secretamente sacrificada
para que a outra seja uma qhawaq,
a que observa. Nos seus olhos
terá um poder mudo e seu conflito.

---

25 Quem me contou essa história foi Raúl Luna, e quando chegou no momento chave disse essa frase em quíchua. Foi dele que ouvi pela primeira vez esse idioma. Nunca tinha ouvido nada, da boca de ninguém. Me disse que os jovens quase não falam mais. Nem mesmo no povoado. E é fácil, dizia ele, e começava a falar. Um idioma que parecia não sair da boca dele, mas do seu corpo todo e de um tempo que não coincidia com o meu. É fascinante ver como os gestos mudam, a textura da voz, de alguém que se põe a falar seu idioma materno. Depois pensei que eu era um desses jovens que não falam o idioma e viraram de costas para ele. Sem ir tão longe, demorei 30 anos sem saber que na família se falava quíchua (depois de toda uma vida sabendo falar inglês).

Trabajadora rural cortando caña, Tucumán 1940.
Archivo General de La Nación

Nascida nos poços[26]
Testemunho da bisavó

Nem mesmo na mãe das cidades,
Santiago del Estero,
nem por esses povoados empoeirados
em que só chegamos a pé.
O lugar onde nasci
teria de se encontrar cavando
o corpo de mamãe, disse minha vó.
Essa mulher que metia as mãos
no forno aceso
demorando a tirá-las.
Assim me assustava,
me convidando a dormir aí.

No seu colo coberto de comida velha,
soube fazer que o fogo da minha infância
se recostasse.
Minha mãe foi uma coisa empoeirada
como essa província.
Nunca perdoou
que tivesse estado dentro dela
e a chutasse.
Se tinha me parido
podia ser minha chefe e senhoria,
gritava desde a cozinha,
dizia que eu tinha lhe derramado
sombra no ventre.

---

26 As lembranças dos outros às vezes parecem ser nossos sonhos. Li nos livros de história o passado dos povos tonocotês, esse tempo pagão anterior à mestiçagem e que permanece nos rostos das pessoas, certos modos que têm o quíchua (que não é quéchua, é a versão híbrida desse idioma que soube ser o oficial do "império" – porque não foi um império – inca).

Ela ia me educar
para a vida no campo:

Vejo ela no meu quarto
cortando a cabeça de uma galinha.
O braço que se ergue, o fio,
o animal decapitado
se debatendo todo
contra a minha cama.

Com meu nascimento
começou o calvário na sua carne,
e sempre que voltava do trabalho
ia cavar ao lado dos currais,
procurando algum sinal de bruxaria.
Dessa besta ajoelhada eu nasci.

Baguala para yaguaretês[27]

Contar segredos
não liberta do peso que carregam
as mulheres da minha família,
do vento que sopra na nuca,
do yaguaretê montado nas costas.

Nenhuma irmã ou tia
fala de lutas ou brigas,
ninguém ri dos ciúmes ou vinganças
dos seus homens. Apenas se olham.
São as acorrentadas.
Um círculo fechado na noite,
em campo aberto.

No meio, um fogo deixa que
vejam as caras e o cabelo desfeito
pelo sopro do animal.
Feitiço sobre feitiço,
começam com as bagualas,
da caixa tiram a segurança
de uma cura
através do lamento,
e cantam com medo e respeito
e sozinhas.

---

27 Se existe um ritmo que desperta uma profunda emoção em mim, é a baguala ou vidala. Desde criança. Como se ouvi-la fosse uma instância religiosa, uma coisa poderosa, a força que afunda minha cabeça na terra para que eu escute: fica calado e preste atenção. Há música para se dançar, ser acompanhada com o corpo; essa, não. Com a vidala o corpo presta atenção, sem se mexer. Coisa parecida acontece quando ouço alguém falando em quíchua. Que seja esta a reivindicação da minha língua materna, da minha vó, da língua das mulheres.

Então os yaguaretês
se detêm
e começam a tremer.
Sabem que as ouviram
e logo os maridos
bêbados serão soltos,
seus queridos autoritários,
que se afugentam
por aquilo que não compreendem
delas.

Desperta e fala com sua gente[28]

Vivi 84 anos. Agora sou apenas
um nadinha que pulsa.
Embora não se trate disso.
Nem me diminuo
nem me apago. Esse adormecer
é por suportar tamanha intensidade
que Deus me envia
como caminho até ele.
Ouça em minhas vozes, meu Senhor,
minha resistência está feita de pobreza.
Me entrego e é como ir ajoelhada
sobre grãos de milho
endurecidos pelo inverno mas é meu corpo
sobre o qual avanço. A desgraça,
embora abundante, não me fez uma desgraçada.
E não quer consolos.
O consolo pode ser coisa terrível.
E nenhum afago. Porém sim,
enquanto vou até Ele,
que veja outra a Salina de Ambargasta
lhe peço ser enterrada nesse mar tomado

---

28 No filme *La grande bellezza*, de Paolo Sorrentino, há um momento mais para o fim em que uma amiga chama o protagonista, cujo nome é Jep, de "Geppino". Quando ele pergunta para ela por que o chamou assim, pois fazia anos que ninguém falava esse apelido, ela responde que um amigo, de tempos em tempos, tem o dever de fazer o outro se sentir como na infância. Sara Luna, mais que o tema, é o tom desse livro. Recentemente encontrei uma carta que me escreveu há muitos anos. Ler sua letra de criança de escola primária me comove tanto como o conteúdo, que dizia textualmente: "Feliz aniversário meu precioso que comemore muito feliz teus 8 aninhos e te desejo muita sorte. La (2-12-93)". O apelido que dei a ela é o que me traz todo o aroma do tempo em que estivemos juntos.

pela imensa branquidão refletida.
Que me ouça o ñandú, e o quirquincho
ainda venha me farejar.
Venham, subam, se metam debaixo da minha axila.
Peguem minha voz, fiquem com meu aroma
e até meu coração queimado
se arrastem desde os pântanos
e o cortem, repartam sua madeira
e escondam as flores
no vento de Santiago.

A POESIA DOS MESTIÇOS

Leopoldo Brizuela

A poesia é coisa de mestiços. E não todos, nem sempre, a escrevem. Abraçado pelo corpo da mãe terra, às vezes para o mestiço basta jogar com as palavras, com as formas alheias. Brincar que é outro, brincar que se é livre. Mas fica órfão. *Sara Luna* é canção de órfão.

É canção de regresso, *Sara Luna*. Não o regresso de um homem, porque Tom nunca esteve em Tiu Chacra; o regresso de uma estirpe, do espírito de uma estirpe que refaz o caminho para acalmar a ferida, para dar um sentido à separação.

Tom volta para Tiu Chacra e a primeira coisa que "vê" é orações mudas que elevam as cruzes do cemitério. Porque não são apenas os vivos que rezam para os mortos; também os mortos rezam, velando, pelos distraídos. Quem sabe se os mortos não o trouxeram até aqui?

Tom fala com a sua gente, eles o reconhecem sem nunca o ter visto – ah, sim, o neto de Sara Luna, o órfão – e no seu abraço, nas suas vozes, nessas palavras quíchuas "que não possuem escrita" mas acendem o corpo todo, ele reconhece a linguagem que lhe falava o abraço perdido, essa poesia total do abraço materno.

Quem poderia levá-la, ao voltar e se afastar! Quem poderia permanecer, de algum modo, para sempre, avivando pelo menos a promessa de um sentido! Daí nasce *Sara Luna*, como "manta tecida" para abrigar dois mundos, com lã de dois eixos, tecida em um tear. Não para refletir ancestrais, nem para traduzi-los. Tom cede seu lugar e eles o transformam; cede as ferramentas que adquiriu nas brincadeiras e eles a usam, as quebram, as reinventam. E o verso é transbordado pelo caudal da fala, e o ritmo cambaleia minado pelos ruídos que nos dizem "garganta abaixo", e "visões" nascidas "no estômago" usurpam o lugar das velhas imagens "para que o espírito as leia".

E já nem o poema basta: a vida o denuncia com suas notas de rodapé.

Termino *Sara Luna*, ergo a vista, e vejo o mundo repleto de orações invisíveis, de coisas e de seres que imploram para ser nomeados. O mundo? América. Ou este confim da América que ainda aprende a falar, a escrever, a brincar, em uma língua alheia. Termino o livro, e entendo que *Sara Luna*, esse estouro, é apenas um umbral. Assim começam as coisas.

"Para ouvir melhor é preciso se aproximar":
o perspectivismo, a ancestralidade
e o drama na poesia de Tom Maver

Nuno Rau

Talvez seja preciso saber que Tom Maver exige de seu leitor uma disponibilidade ativa, um corpo a corpo com tudo que seus versos propõem sob uma aparente simplicidade da linguagem que é, na verdade, parte da visão da poesia como uma ética profunda. Esta disponibilidade ativa implica em ler perseguindo os sinais sutis deixados ao longo dos poemas em torno de Sara Luna, avó do poeta, buscando construir o mundo que, a despeito de não conhecermos, estava lá, pairando no tempo imóvel de nossas ignorâncias. Neste sentido, cada poema vai indicando uma senha de acesso, uma pista (uma palavra, uma expressão, uma ideia) no caminho até o lugarejo chamado Tiu Chacra, às margens do Rio Dulce. Quem se dispuser ao trajeto não sairá dele a mesma pessoa, porque verá se reconfigurarem aspectos do real que antes estavam aparentemente bem estabelecidos.

A poesia de Tom Maver parte de um sofisticado sistema de metáforas aliado a um campo de encenação, visando a construção o que costumo designar por *epopeia descentrada (ou desfocada)*, porque, nesses casos, o centro (a narrativa) não comparece inteiro, ou sequer comparece (pela impossibilidade, hoje, de qualquer visão totalizadora), sendo franqueados a nós, leitores, apenas os vestígios e fragmentos, não raras vezes borrados, que permitem formar um halo de sentido. Com eles temos que construir um mundo que, no caso de Sara Luna, passa por uma cosmologia diversa, fortemente impregnada pela visão dos povos ameríndios e sua circularidade, porque Sara, avó de Maver, é uma mestiça que ainda mantinha a língua quíchua: "*Venho ao povoado onde nasceu/ por caminhos secundários,/ aproximo meu ouvido à sua língua mestiça [...]*".

O sistema de metáforas deste livro principia pela associação entre a avó Sara Luna (e sua ancestralidade) e a mãe-terra, ao princípio feminino, e não elide nem sublima a sexualidade, evidenciada em alguns poemas. No mundo que é reconstruído a partir destas metáforas, a circularidade dos espíritos marca a presença da origem ameríndia: *"me conte/ as lendas do vento/ as transformações dos homens/ em mulheres, em animais/ do espírito duplo de cada um"*. O que vai impresso nesses versos e em tantos outros nos remete ao perspectivismo ameríndio, matriz filosófica vinculada à natureza relacional dos seres na composição do mundo: para esses povos, 'humano' é uma forma de percepção de si mesmo, enquanto o outro é sempre 'animal' ou 'espírito'. Assim, enquanto os índios se percebem humanos e distintos de todas as outras espécies, os porcos do mato, entre eles, se enxergam como também portando uma humanidade, e veem não-humanos quando olham para os indígenas ou para outros animais; e assim ocorre com todas as espécies, ou seja: a humanidade é definida a partir da construção dos corpos, a partir do entendimento de si, e não pela presença ou não de uma alma, como na cosmologia ocidental. Esse pertencimento ao humano só é perceptível entre aqueles que compartilham o mesmo tipo de corpo, ou então para os xamãs, capazes de vivenciar a perspectiva de outros corpos (animais) e, assim, ver estes seres em sua humanidade. Tudo é efeito de um dado ponto de vista.

Importa frisar que, para esses povos, inexiste uma distinção de caráter ontológico entre natureza e cultura: a natureza não é algo objetivo, mas tão somente uma questão de ponto de vista. Esta visão, e por isso nos esforçamos em explicitar suas bases, está impregnada nos poemas de Tom Maver, como quando a avó é caracterizada como quem *"tem a pele anfíbia/ em meio a dois mundos"*, ou quando o poeta se metamorfoseia em animal – *"eu, o animal/ dela, arrasto para lá e para cá/ essa voz"*. Há ainda, no poema "Um porco para que Sara Luna", a descrição da relação entre 'humanos' e 'animais', quando a avó busca arrancar as histórias dos porcos (que estão guardadas como cantigas de ninar, como *arrorós*), mesmo diante da *"desobediência/ em que estão imersos,/ sua escuridão"*, motivo pelo qual Sara buscava, dialogando, convencer o espírito do ora animal *"a entrar em outro ciclo"*, mudar de perspectiva.

Esse universo pleno de metamorfoses caracteriza a ancestralidade de onde provém Sara Luna, e a morte não é mais que outro passo nessa realidade circular, porque ela, depois de deixar seu corpo físico, *"se transformará em bebedouro/ de bestas da montanha, em poça/ onde o yaguaretê e o tatu/ deixarão de ser bichos sedentos"*. Mesmo depois de se tornar espírito, a relação com esse outro que é o animal, para nossa perspectiva, permanece reconfigurado. Com a morte, Sara passa a habitar a virtualidade narrada pelos mitos quando remetem a um tempo-espaço em que os mais diversos seres estabeleciam comunicação e, mais que isso, se reconheciam como reciprocamente humanos.

A relação com a morte e a presença dos animais segundo essa perspectiva já marcam o livro anterior de Maver, *Nocturno de Aña Cuá*. Sobre os poemas de *Sara Luna*, no entanto, além dessa abordagem incide o *parti pris* da poesia dramática: o autor se apropria de outras identidades para poder refletir sobre os temas que por lhe tocarem são objeto de seus poemas. A adoção destas máscaras permite ao poeta animar as ideias de seus personagens, e, por meio deles, elaborar o teatro que se desenha em sua poética (no seu livro *Marea solar*, Maver fala pela figura de um pássaro, a andorinha do Ártico).

Os temas e procedimentos que constituem essa poesia são todos impregnados de uma ética estrita e potente, como a questão da língua quíchua, as atribulações da gente do campo, as diferenças culturais entre cidade e campo, a permanência e a impermanência do legado da ancestralidade, e também uma ética da escrita, por sua semelhança com a arte de cozinhar: a alquimia dos diversos ingredientes nas mãos de quem escreve quando os converte em outra coisa, um poema, um conto, um romance.

E aqui tocamos outro ponto interessante deste livro, o fato de que sua narrativa (essa *epopeia descentrada*) é amplificada pelas notas de rodapé, pelas quais Maver nos situa empregando considerações de circunstância, dados de história pessoal sua e dos personagens, menções à cultura quíchua, mas tudo como se prestidigitasse esses elementos à nossa frente, sem didatismo, como se aumentasse a energia dos poemas.

Assim, a fala direta e aparentemente simples articula o discurso dos vencidos, numa visada benjaminiana, buscando fornecer o contradiscurso que permite uma História em conformidade com seus reais significados, pela dialética com as versões ainda vigentes. Esses aspectos todos reunidos acentuam o caráter ético da estética presente na poesia dramática de *Sara Luna*, com sua multiplicidade de vozes e seu perspectivismo intrínseco, calcados em valores do humano que nos conclamam a mudanças. Esta não seria, talvez, a maior ação da arte, na sua desnecessidade?

Última nota para o livro que termina

Sara Luna estava vivendo lá em casa, enquanto se recuperava de uma fratura no quadril. Certa tarde, voltei do colégio e lhe propus ler algum conto. Virou a cabeça, me olhou desde uma idade muito longínqua e disse: "Claro, filhinho, vamos ver". Sinto que a vejo agora: o rosto bem demarcado, a pele suave, o travesseiro abraçando o cabelo.

Então comecei a ler um conto de ficção científica, de Isaac Asimov, "Anoitecer". Fala de um planeta onde, pela primeira vez em milênios, os astros vão se alinhar de tal maneira que nenhum dos três sóis que o orbitam vão iluminá-lo. Desde os tempos mais remotos, pelo menos um desses sóis, mesmo que com uma luz oblíqua e irreal, resplandecia para este planeta. Olhei minha vó e pensei na escuridão daquele planeta, onde não sabiam o que é a chegada da noite.

Talvez a ideia para estas notas ao pé da sua cama me deu minha vó, naquele dia em que terminei de ler o conto.

Olhava fixamente para o teto, perdida naquilo que escutava, pegando os cobertores e se cobrindo e se descobrindo. Então lhe perguntei o que tinha achado, e me disse alguma coisa muito vaga. E como uma professora malvada, insisti e pedi que me contasse do que se tratava o conto (não posso deixar de sentir muita vergonha ao me lembrar disso).

Cravando o olhar novamente no teto e passando um lenço no canto da boca, falou de embarcações enormes, falou de uma tempestade, mas não tinha tanta certeza, e falou de duas mulheres, disso sim ela se lembrava, que não se viam bem através das capas de chuva, falavam aos gritos, sem se entenderem bem, e faziam sinais, indicações, o barulho deveria ser tremendo, e depois me disse que se podia ver a embarcação ficando menor no meio da neblina.

Percebi que ela tinha entendido tudo.

O desvio das leituras, ouvir um pouco o que se quer, conectar o que está separado, está no fundo dessas notas. E os segredos que as pessoas que amamos, carregam.

Nota sobre as fotos

Nenhuma das mulheres das fotos é minha avó. Não tenho a mínima ideia como aparentava quando, aos dezoito anos, partiu de Tiu Chacra. Não há fotos de Sara Luna em Santiago del Estero, nem sequer da minha mãe nas muitas visitas a casa de sua avó. Leopoldo Brizuela me confirmou o que minha mãe já tinha me dito, que as pessoas nessa época não tiravam fotos como hoje em dia, isso era uma "commodity" inacessível para a pobreza desses lares. Era algo apenas para ocasiões especiais. Fui para sua terra natal sem nenhuma imagem prévia, isso contribuiu para o impacto que à primeira vista o lugar me deu.

A piada que sempre conta é que pedi para o motorista do ônibus que me avisasse quando estivéssemos chegando. Quando finalmente me chamou, me perguntou onde queria que me deixasse. E respondi: na rua principal. Me respondeu: é essa. Com "essa" se referia à estrada em que vínhamos.

Agradecimentos

A Leopoldo Brizuela, com quem mantive um diálogo de anos, um gotejamento de música folclórica, falando das nossas raízes – as dele, de La Rioja –, me passando imagens, documentos e uma das chaves (de dor, de ternura, de invenção, de fortaleza de tantas mulheres das colinas) para esse livro que é a longa entrevista que fez com a *coplera* dos Vales de Calchaquí, Gerônima Sequeida. Quando aceitou escrever umas palavras (por Deus, quão belas!), soube que este livro tinha então encontrado seu ponto final.

A Irma Corbalán e seu filho, que me ajudaram a ir de Villa Robles a Tiu Chacra, quando esse portenho desorientado chegou com a sua mochila um meio-dia de julho de 2015 à estrada estadual número 1. Conversamos durante uma hora e depois foram buscar seu carro, sua sobrinha, me fizeram sentir parte da família e me levaram a percorrer os povoados locais: Beltrán, Forres e finalmente a casa esquecida da minha família: Raúl Luna, em Tiu Chacra.

A Raúl Luna, que me abriu as portas da sua casa (casa que estava construindo, com seus 80 anos, sozinho!) e me reconheceu e me contou anedotas no idioma de nossxs avxs. Agradiseyki, Raúl.

A minha mãe, com quem, na hora em que saí de Tiu Chacra, quase em disparada para pegar o último ônibus do dia, chegando finalmente a Termas de Rio Hondo, falei por horas, a ouvindo reconstruir a história da dispersão familiar e assim fazia com que eu não me sentisse um elo perdido.

A Josefina Wolf, que entendeu que essa história trata de unir pontos em um mapa com partes em branco, que se enchem de nomes amados. E porque se Leopoldo lhe deu um fim, ela, com as suas mãos, lhe bordou depois uma nova entrada.

A Natalia Litvinova, quem dois dias antes da minha viagem para Santiago del Estero, se aproximou tanto de mim que não voltamos nunca mais a nos separar. Quem impediu que esse projeto de livro ficasse de lado, quem me comunicou, com sua emoção, que isso valia a pena. Quem me ajudou a corrigir, a aparar os excessos. Quem, junto com a lembrança de Sara Luna, fez com que eu me perguntasse: como são os lugares onde nasceram as pessoas que amamos?

À parte da família que conheço, as ramificações espalhadas pelo país, a esses elos cheios de memória.

E obrigado a Sara de Jesus Luna (1915-2000), que não foi outra coisa que uma idosa que me olhou com amor durante o tempo que durou minha infância, e um pouquinho mais.

Sumário

Primeira Parte
Cruzes de madeira   9
Nas suas mãos se encontrava o aroma de hoje   11
Um fio para que Sara Luna corte   13
O levantamento para dentro   15
A leitura do fogo   16
O que pulsa remete a seu próprio começo   17
Luna Grande   19
Contas pendentes   20
Uma manta para Sara Luna   22
A história da pele   24
Na voz se ouvem coisas   25
Minha mãe sonha onde minha vó está enterrada   27
Uma vidala para seu leito   28
A canção que nos recebe é de terra   29

Segunda parte
O Sagrado Coração 35
Trago de sombra 37
Um ovo de avestruz onde Sara Luna 38
Corpo a corpo 39
A graça do golpe 41
Posso ver com o que minha mãe sonha 42
Terra nas camas 43
O barranco 45
Cadeia de orações 46
Um porco para que Sara Luna 48
Qhawaq 49
Nascida nos poços 51
Baguala para yaguaretês 53
Desperta e fala com sua gente 55

A poesia dos mestiços,
por Leopoldo Brizuela 59

"Para ouvir melhor é preciso se aproximar",
por Nuno Rau 61

Última nota para o livro que termina 65

Nota sobre as fotos 67

Agradecimentos 68

Este livro foi composto em Adobe Devanagari para a Editora Moinhos, em papel pólen bold, enquanto Miles Davis tocava *So What*.
O livro foi impresso na gráfica Formato, em Belo Horizonte.

*

O vídeo de uma reunião poderia derrubar o presidente do Brasil.
No entanto, o país mais corrupto do mundo, só lançava notas de repúdio.